# ANALIZA KSIĄŻKI

AF131998

# Niebezpieczne związki

• • • • • • • • • • • • • • • •

## PIERRE CHODERLOS DE LACLOS

# ANALIZA KSIĄŻKI

Napisany przez Monia Ouni
Przetłumaczony przez Kâmil Kowalski

# Niebezpieczne związki

• • • • • • • • • • • • • • • • • • • •

## PIERRE CHODERLOS DE LACLOS

# PIERRE CHODERLOS DE LACLOS

## FRANCUSKI ŻOŁNIERZ I PISARZ

- **Urodzony w Amiens w 1741 r.**

- **Zmarł w Taranto w 1803 r.**

- **Jego praca:**

  - *Niebezpieczne związki* (1782), powieść epistolarna

Urodzony w 1741 r. i zmarły w 1803 r. Pierre Ambroise Chodellos de Lacrosse zyskał sławę stosunkowo późno jako jeden z czołowych pisarzy XVIII wieku. W wieku około 40 lat prześladowała go niezadowalająca kariera wojskowa i poświęcił się pisaniu. Prawdziwe ambicje literackie stopniowo budziły się w jego umyśle. Postanowiłem napisać długą, kontrowersyjną powieść. Podczas sześciomiesięcznych wakacji ukończył swoje jedyne arcydzieło, Niebezpieczne związki (1782). Powieść przyniosła mu trochę cenzury i podziw innych, ale poruszyła ludzi w sposób, który przerósł oczekiwania autora. Spokojny i racjonalny człowiek, lojalny mąż i troskliwy ojciec, Lacrosse prowadził proste życie z dala od perwersyjnego zachowania swojego bohatera.

# NIEBEZPIECZNE ZWIĄZKI

## ROMANTYCZNE INTRYGI DWÓCH POZBAWIONYCH SKRUPUŁÓW LIBERTYNÓW

- **Gatunek:** powieść epistolarna

- **Wydanie referencyjne:** De Laclos, C. (2007) *Niebezpieczne związki*. Trans. Constantine, H. London: Penguin Books.

- **Pierwsze wydanie:** 1782

- **Tematy:** wada, cnota, libertynizm, uwodzenie, manipulacja, list

Niebezpieczne związki (1782) są obecnie uważane za jedno z największych dzieł literatury francuskiej i od dawna czytane są w tajemnicy. Ukazując czytelnikowi zbiór listów, które autorka przedstawia jako autentyczne, powieść przedstawia różne perspektywy narratora. Dokładniej mówiąc, opowiedziane są przygody dwóch rozpustników i mniej lub bardziej hojnych ofiar. Pełne cynizmu i ironii dzieło od momentu publikacji wywołało skandal i było cenzurowane aż do XIX wieku.

# PODSUMOWANIE

## CZĘŚĆ I (LISTY 1-50)

Cecile Volange, dziewczyna z dobrej rodziny iw wieku małżeńskim, właśnie opuściła klasztor, by wrócić do Paryża. Zmuszona przez matkę do zostania komandorem Jercourtem, Cecil wciąż nie zdaje sobie sprawy z planów, które dla niej przygotowano. Markiza de Merteuil, krewna Madame de Volange, która przedstawia się Cecilowi jako przyjaciółka, zna prawdziwą tożsamość swojego przyszłego męża. W rzeczywistości jest z nim związana i pragnie zemsty na tym mężczyźnie, który ośmielił się ją zostawić dla innej kobiety. Proszę cię, abyś zdeprawował niewinną młodą kobietę, aby zniszczyć jej małżeństwo z Jednak Valmont odrzuca ofertę markizy. Ponieważ jest zbyt zajęty nowymi zadaniami, które sobie wyznaczył. Postanawia uwieść Prezydenta de Tourvelle, lojalną, cnotliwą i pobożną kobietę, która podobnie jak on mieszka na wsi w domu swojej cygańskiej ciotki, pani Rosemond. Ale kiedy Cécile podsłuchuje sekret dziewczyny i zakochuje się w Chevalier Danseny, młodym nauczycielu muzyki, markiza znajduje inny sposób, by skompromitować Cécile. Przekonuje więc dwójkę nastolatków do wyznania sobie miłości i organizuje spotkanie twarzą w twarz. Pomimo zachwytu nad śmiałymi planami podboju wicehrabiego, obiecuje spędzić noc w domu Valmonta, gdy dotrze do celu, Madame de Tourvelle. Wicehrabia dostrzega mimowolne oznaki współczucia ze strony ofiar i jest przekonany o powodzeniu, mimo wystosowanego przez niego listu z naganą od

Prezydenta. Jednak jego plany zostają pokrzyżowane. Za radą przyjaciela prezydent prosi go, by trzymał się od niej z daleka i wrócił do Paryża. Cécile, dogoniwszy cnotę, postanawia zerwać z Dunseny, ku irytacji Madame Merteuil. Kiedy jednak Valmont odkrywa, że Madame de Volange nadszarpnęła jego reputację łupem, postanawia się zemścić, korumpując swoją córkę. Oto jak wicehrabia oznajmia markizowi, że w końcu przyjmuje zaproponowane przez nią zlecenie. Uwiedź i zniszcz Cécile de Volange.

## CZĘŚĆ II (LISTY 51-87)

Obaj są w Paryżu, ale Valmont i Merteuil się nie spotykają. Niemniej jednak nadal wymieniają listy i planują zniszczyć Cécile de Volange. Valmont zaprzyjaźnia się z Dunsenym i poznaje jego sekret, a markiza informuje Madame de Volanges, że jej córka kocha swojego nauczyciela muzyki. Dwoje rozdzielonych nastolatków zakochuje się jeszcze bardziej i ufa radom wolnego ducha duetu. Po przekonaniu Madame de Volange do wysłania córki na wieś, Madame de Merteuil z powodzeniem organizuje spotkanie z Cecilem i prezydentem de Tourvelle w posiadłości Madame de Rosemond. Jest to bardzo wygodne dla Valmonta, który po powrocie do domu ciotki może wykonywać dwie misje jednocześnie.

W tym czasie w Paryżu Madame de Merteuil, ostrzeżona przez Valmonta o ambicji uwodziciela o nazwisku Prévan, chcąc udowodnić, że jest łatwym podbojem, pokonuje impertynenta i rujnuje jego reputację.

## CZĘŚĆ III (LISTY 88-124)

Valmont wciela się w rolę posłańca między Dancy a Cecilem i pod tym pretekstem zdobywa kopię klucza do sypialni dziewczyny. Pewnej nocy zakrada się do niej i każe jej spędzić z nim noc. Cecil jest oburzony, ale podkochuje się w wicehrabim. Niemniej jednak następnego dnia dziewczyna żałuje, że tak naprawdę nie walczyła i jest smutna z powodu swoich działań., przedstawia Madame de Merteuil swój pomysł anulowania zaaranżowanego małżeństwa z Guercoeur i oddania Dancy ręki córki. Niemniej jednak Madame de Merteuil przekonuje ją do tego pomysłu. W tym samym czasie Valmontowi udało się przełamać opór Madame de Tourbel: W końcu wyznaje mu miłość, ale nie chce zostać jego kochanką, opuszcza zamek bez ostrzeżenia, uciekając przed obiektem swoich pożądań i ratując małżeństwo. Valmont jest wściekły i obmyśla nową strategię. Postanowił ją przekonać, że się nawrócił. Wicehrabia następnie poprosił o ostatnią wizytę Pani Prezydenta, przekazał jej wszystkie listy i nalegał, aby zdobyć własny. W tym samym czasie rozpoczyna potajemny romans z Cecilem (spędzają razem każdą noc), a markiza de Merteuil wiąże swoje serce z Dancie, czyniąc go swoim kochankiem.

## CZĘŚĆ IV (LISTY 125-175)

Valmont z dumą ogłasza Madame de Merteuil, że zwyciężył nad Madame de Tourvel: udało mu się ją zdobyć. Wypełniwszy swoją misję, żąda, by Madame de Merteuil oddała mu się, jak obiecała. Przekonana, że zakochał się w Madame de Tourvel, śmieje się z niego i nakazuje mu porzucić swoją Présidente przed odebraniem nagrody. Daje mu zatem projekt listu zrywającego, który Valmont wysyła do Madame de Tourvel. Biedna kobieta traci rozum, a Valmont, który planował zjednoczyć się z nią, nie może już odkupić winy. Mimo tego destrukcyjnego czynu Madame de Merteuil nadal odmawia oddania się wicehrabiemu i dwie libertynki wypowiadają sobie wojnę. Chcąc zemścić się na Markizie, Valmont próbuje namówić Danceny'ego do opuszczenia jej w imię historii miłosnej łączącej go z Cécile. Na wieść o tym Madame de Merteuil opowiada młodemu chevalierowi o romansie Vicomte'a z Cécile, jego ukochaną. Danceny wyzywa więc Valmonta na pojedynek i zabija go. Ale w ostatnim akcie zemsty Valmont, przed wydaniem ostatniego tchnienia, daje Danceny'emu wszystkie listy, które otrzymał od Madame de Merteuil. Prawdziwa osobowość markizy zostaje upubliczniona i wybucha skandal. Danceny ogłasza Madame de Rosemonde, że opuszcza Paryż i wraca na Maltę. W swoich ostatnich listach Madame de Volanges ze smutkiem wspomina konsekwencje tej historii. Présidente de Tourvel, dowiedziawszy się o śmierci kochanka, poddała się żałobie. W obliczu śmierci Valmonta i rewelacji swojego powiernika, Cécile postanowiła zostać zakonnicą. Kawaler de Prévan, pionek w planach Madame de Merteuil, oczyścił swoją reputację i powrócił do społeczeństwa, podczas gdy Markiza została publicznie zhańbiona. W wyniku zachorowania na ospę straciła oko i została oszpecona przez chorobę. Po przegranym procesie zmuszona jest udać się na wygnanie do Holandii.

# STUDIUM POSTACI

## MARKIZA DE MERTEUIL

Madame de Merteuil, wdowa po mężu, który zmarł wkrótce po ślubie, jest społecznie akceptowaną i popularną kobietą o wysokiej randze. Chroniona przez swoją reputację szlachetnej i życzliwej kobiety, markiza faktycznie żyje życiem oddanym liberalizmowi. Jej działania, zawsze dobrze przemyślane i zaplanowane, są odzwierciedleniem jej perwersyjnego zachowania i wynikiem surowych korepetycji, jak wyjaśnia w Liście 81, który ujawnia jej autobiografię.

Jest samoukiem, który rozumie społeczne konwenanse, przebija się przez czyny i myśli innych, całkowicie ukrywa własne emocje. Uznawany za jedną z najbardziej szanowanych kobiet w szeregach Traktuje je jako obiekty pożądania, ale także jako zagrożenie dla swobód osobistych, których pragnie za wszelką cenę bronić.

Choć czasem wydaje się być oddalona od akcji, wszystko dzieje się za jej sprawą i zawsze pozostaje głównym inicjatorem wydarzeń, które mają miejsce w powieści:

- Motywowana osobistą zemstą, jest sekretną siłą napędową wszystkich działań, które próbują zniszczyć reputację Cécile;

- to ona, dla czystej rozrywki, napędza Valmonta w jego planie uwiedzenia Madame de Tourvel, oferując siebie jako nagrodę, jeśli inicjatywa się powiedzie;

- wykrywając miłość, jaką Valmont czuje do Présidente, manipuluje nim do tego stopnia, że zmusza go do zerwania z nią;

- wypowiedziawszy wojnę wicehrabiemu, wznieca gniew Danceny'ego, mówiąc mu o związku libertyna z Cécile, co wywołuje pojedynek między nimi i powoduje śmierć Valmonta.

## LE VICOMTE DE VALMONT

Wicehrabia de Valmont, bezpośredni spadkobierca Madame de Rosemond, jest synem marnotrawnym, którego dom zamieszkuje przez całą historię. Traktuj swojego partnera jak uwodzicielską ofiarę i zawsze zwyciężaj przed porzuceniem, nie bez upokorzenia. Ma złą reputację wśród kobiet ze względu na swoje lubieżne słowa i czyny, których nie da się ukryć.

Większość jego czynów sprawia, że wydaje się on człowiekiem bezbożnym i bezprawnym. Kierowany osobistą zemstą, zgadza się na skorumpowanie młodej Cécile de Volanges. W tym celu nie waha się użyć siły. Jednocześnie zabiera się za uwiedzenie Madame de Tourvel, szczególnie ze względu na wyzwanie, jakie stanowi w jego oczach ze względu na jej reputację cnotliwej i pobożnej żony. Po uwiedzeniu wysyła jej wyjątkowo cyniczny list, wywołując tym samym szaleństwo swojej ofiary.

Chociaż jego czyny malują go jako osobę negatywną, pozbawioną moralności, czytelnikowi nadal trudno jest określić winę tej dwuznacznej postaci. Jedno okazuje się, że wydaje się być bardzo pełen szacunku. Pod jej wpływem odłączył się od

Prezydent de Tourbel, w którym najwyraźniej się zakochał. Czytelnik może się więc zastanawiać, czy gdyby nie współudział Madame de Merteuil, Valmont porzuciłby złe nawyki, oddając się prawdziwej miłości do prezydenta. Działania, jakie podjął wcześniej wobec Dancy'ego, częściowo rekompensują jego czyny.

## CÉCILE DE VOLANGES

Na początku powieści Cécile de Volange, której dokładny wiek nie jest znany, jest niewinną i naiwną dziewczyną, która niedawno opuściła klasztor. Narzeczona hrabiego Guercoeura od razu zakochuje się w samotnej Danczenie, ale początkowo nie chce ulec temu zauroczeniu w imię cnoty. Mimo to bardzo łatwo denerwuje ją Markiza, którą uważa za swoją przyjaciółkę, tak jak on pozwala Valmontowi przekonać ją, by została jego kochanką., zostaje przekonana do poważniejszego potraktowania tego zakazanego związku. Pomimo jej niewinności i życzliwości, Cecil nie jest całkowicie pozytywną osobowością. Jeśli to zrobisz, złamiesz zasady, które sam sobie wyznaczyłeś. W jej liście jest też pewna ironia, zwłaszcza gdy wspomina o coraz bardziej znęcającej się nad nią matce. Jednak brak temperamentu i osobowości bohaterki jest czasem widoczny w jej pisarstwie, pozostawiając markiza obojętnym.

## MADAME DE TOURVEL

Lojalna i oddana żona, bardzo pobożna, pokorna i powściągliwa kobieta, Madame Tourvel jest uosobieniem dobrych manier. Z początku jest wściekła deklaracjami miłości Valmonta, ale walczy z własnymi uczuciami w imię cnoty, w którą mocno wierzy. Całkowicie mu się poddaje, dopóki nie oszaleje, kiedy ją zostawi. Prezydent de Tourvel jest dokładnym przeciwieństwem markizy de Merteuil w wyznawanych przez siebie wartościach i szlachetnych postawach, jakie przyjmuje. Początkowo obiekt cynizmu markiza, później staje się faktyczną ofiarą, gdy Madame Merteuil w wysoce cyniczny sposób zmusza Valmonta do opuszczenia jej (list 141).

# ANALIZA

## POWIEŚĆ EPISTOLARNA

Kiedy pojawiły się Les Liaisons Dangeres, gatunek epistolarny – powieść pisana listownie – istniał od prawie wieku. W rzeczywistości został założony w 1721 roku przez perskie listy Montesquieu. Dzieło Laclos jest uważane za jedno z najlepszych dzieł tego gatunku, wyrażające jego charakter bardziej niż jakiekolwiek inne i czerpiące z szerokiej gamy zasobów.

* Powieść krzyżuje się między punktami widzenia różnych narratorów, używając "ja" i zwracając się do "ty". Każda z postaci wypowiada się poprzez swoje listy, każdy adresowany do konkretnego korespondenta. Czytelnik, który w naturalny sposób identyfikuje się z tym, kto mówi, zostaje więc wrzucony, każdy po kolei, do umysłu każdego z bohaterów. Czytelnik dzieli więc z bohaterami ich myśli i uczucia.

* Aby wzmocnić realistyczny efekt identyfikacji czytelnika z postaciami, LaCrosse skopiował swoją pracę z autentycznego listu, który, jak twierdzi, został opublikowany po zmianie nazwy i ukryciu wskazówek identyfikujących zaangażowanych. Czytelnik doskonale wie, że to, co przeczytał, nie jest prawdą, ale ucząc się z ostrzeżeń redaktora napisanych przez Lacrosse, jego zaniepokojenie jest duże, a wszystkie opisane wydarzenia są prawdziwe. Spróbuj wyobrazić sobie i zagrać w grę. To przyciąga czytelnika głębiej w historię.

- W Niebezpiecznych związkach listy są czymś więcej niż tylko środkiem komunikacji, naprawdę działają. Pisanie jest źródłem radości, ale może być też potężną bronią. List to miecz obosieczny. Na przykład Valmont pozwala zrozumieć i uwieść panią de Tourbel, a później staje się narzędziem służącym do rozdzielania dwojga kochanków, jak wymyśliła pani de Merteuil. Podobnie korespondencja między wicehrabią a panią de Merteuil, która początkowo gwarantowała dyskrecję, później stały się niebezpiecznym dowodem, który miał doprowadzić do upadku markiza, nabierają wymiaru.

## POWIEŚĆ O LIBERTYNIE

Dzieło Laclosa obnaża libertynizm taki, jaki był w 18th wieku i wchodzi w modele ówczesnej literatury libertyńskiej:

- Dwie główne postaci (wicehrabia de Valmont i markiza de Merteuil) każda na swój sposób uosabia typowego bohatera libertyna. Wyzwoleni z wszelkich ograniczeń moralnych i religijnych, z wolnością myśli i czynów, żyli w poszukiwaniu cielesnych przyjemności. Wyrafinowani i kulturalni, wyróżniali się w społeczeństwie dzięki swojemu intelektowi i opanowaniu norm społecznych.

- Uwodzenie jest przedstawione jako forma sztuki, która wymaga wielkiego intelektu i niewiele uczucia. Libertyn stawia sobie, zwykle z powodu zazdrości lub dla przyjemności, wyzwanie zdobycia pożądanej osoby i układa kompletny plan walki, aby osiągnąć ten cel. Kobiety są często przedstawiane jako cele, ofiary, które zwykle kończą przekonane, że pozwalają się schwytać.

- Wątek początków libertynizmu, bardzo często występujący w literaturze libertyńskiej, jest rozwijany również w dziele Laclosa. Markiza jest więc odpowiedzialna za nawrócenie Cécile z jej wyobrażeń o małżeństwie, miłości i postawach, jakie należy przyjąć w społeczeństwie, natomiast Valmont daje jej prawdziwą edukację seksualną.

- W przeciwieństwie do literatury obyczajowej, styl jest subtelny i wyrafinowany, daleki od całkowitej wulgarności. W listach Valmonta i Madame de Merteuil akt seksualny, choć stanowi sedno ich planów, jest zawsze aluzją, nigdy nie będąc naprawdę opisanym. Dwoje libertynów doskonale opanowało swój warsztat pisarski i posługuje się humorem intelektualnym.

## TEMAT SKANDALU

Od momentu wydania powieść Laclosa szokowała i wywoływała skandale. Została nawet poddana cenzurze, która trwała do 19th roku. *Niebezpieczne związki* były więc sprzedawane na czarnym rynku i czytane potajemnie.

Na pierwszy rzut oka możemy być zaskoczeni takim odbiorem, gdyż dzieło otwierają i zamykają przemówienia zabarwione morałem:

- Na początku dzieła, w przedmowie autora, zastosowanie powieści opisane jest w tych słowach: "Jest ona przynajmniej pożyteczna dla moralności, aby wyłożyć środki używane przez złych do uwodzenia niewinnych".

- Pod koniec powieści ostatnia sankcja, napisana przez Madame de Volanges, jest negatywnie nastawiona do libertynów i ich praktyk. Libertyni ci zostają surowo ukarani za swoje zbrodnie: Valmont umiera, a Madame de Merteuil, która straciła swój urok i pieniądze, zdaje się ponosić karę boską.

Niemniej jednak liczne elementy powieści mogą być sprzeczne z dobrymi obyczajami czytelników, zwłaszcza tych najbardziej rygorystycznych, co sprowadziło na dzieło cenzurę:

- Po pierwsze, niezależnie od dobrych intencji deklarowanych w przedmowie, faktem pozostaje, że opowieść maluje czytelnikowi dokładny obraz wytycznych i praktyk sprzecznych z wszelką moralnością. Niektórzy zatem stwierdzili, że ten traktat o libertynizmie nie powinien dostać się w ręce pewnych osób.

- Po drugie, o ile prawdą jest, że złoczyńcy tracą w tej historii wszystko, o tyle "dobrzy", którzy sami nie są bez zarzutu, nie kończą jej zwycięsko: Madame de Tourvel umiera, Cécile zostaje zakonnicą, a Danceny, który wyrzekł się miłości do młodej dziewczyny, na zawsze nosi ciężar winy. Koniec powieści nie przedstawia zatem prawdziwego morału, który wyraźnie odróżniałby dobro od zła.

- Po trzecie, a może najważniejsze, czytelnik zostaje postawiony w dwuznacznej sytuacji, która czyni go współwinnym libertynów. W istocie, wykształciwszy niemal voyeurystyczną postawę i wiedząc od początku o pakcie łączącym Valmonta i Markizę de Merteuil, czytelnik zmuszony jest przyjąć punkt widzenia obu intrygantów i w końcu staje się współwinny złoczyńcom. Wreszcie, te dwie postacie fascynują czytelnika, który nie może powstrzymać się od skrytego podziwiania ich. Atrakcyjni, inteligentni i utalentowani pisarze, są w rzeczywistości przedstawieni z wieloma bardziej atrakcyjnymi cechami niż ich ofiary, które widzą na wylot i którymi z łatwością manipulują.

# DALSZA REFLEKSJA

## KILKA PYTAŃ DO PRZEMYŚLENIA...

* *Niebezpieczne związki* były przedmiotem wielu adaptacji filmowych. Jakie trudności, Pana zdaniem, pojawiają się przy transpozycji takiej powieści na film?

* Biorąc pod uwagę początkowy pakt zawarty między Valmontem a markizą de Merteuil, jaki model actantialu mógłbyś zaproponować dla powieści?

* W jakim sensie postać markizy de Merteuil jest prekursorem emancypacji kobiet?

* W odniesieniu do *Niebezpiecznych związków* Baudelaire stwierdził: "Ta książka, jeśli płonie, to może płonąć tylko jak lód". Co sądzicie o tym stwierdzeniu?

* Dlaczego fałszywe nawrócenie religijne Valmonta jest szczególnie cynicznym podstępem ze strony libertyna?

* W jaki sposób List 48, napisany przez Valmonta do Présidente de Tourvel, odzwierciedla zarówno subtelność umysłu wicehrabiego, jak i jego chytrość?

* Zastanów się nad stylem pisania stosowanym przez każdego z głównych bohaterów. Czy są one podobne czy różne? Jaki wpływ ma ten proces na czytelnika?

* Porównaj Valmonta z bohaterem Molierowskiego "Domu Juana". Jakie cechy łączą te dwie postaci? Co je odróżnia?

- Przed opublikowaniem swojej powieści Laclos deklarował, że pragnie "napisać dzieło, które odbiega od normy, które robi hałas i które pozostanie na ziemi po jego śmierci". Czy uważasz, że osiągnął cel, który sobie postawił? Wyjaśnij swoją odpowiedź.

# PRZECZYTAJ TAKŻE

## WYDANIE REFERENCYJNE

De Laclos, C. (2007) *Niebezpieczne związki*. Trans. Constantine, H. London: Penguin Books.

## ADAPTACJE

*Les liaisons dangereuses*. (1959) [Film]. Rogier Vadim. Dir. Francja: Les Films Marceau-Cocinor.

*Niebezpieczne związki (Dangerous Liaisons)* (1988) [Film]. Stephen Frears. Dir. USA: Lorimar Film Entertainment.

*Okrutne zamiary (Cruel Intentions)* (1999) [Film]. Roger Kumble. Dir. USA: Columbia Pictures Corporation.

*Chcemy usłyszeć od Ciebie, co się dzieje!*
*Zostaw komentarz na temat swojej internetowej biblioteki*
*i podziel się swoimi ulubionymi książkami w mediach społecznościowych!*

www.50minutes.com

Master ISBN: 9782808693585
Papierowy ISBN: 9782808614986
Depozyt prawny: D/2023/12603/1778

Verhaal: © Primento

Projekt cyfrowy: Primento, cyfrowy partner wydawców.